Mama, ich mag dich ...

Komako Sakai, geboren 1966 in Hyogo (Japan) studierte Kunst in Tokio. Anschließend arbeitete sie als Textildesignerin und begann schließlich Bilderbücher zu schreiben und zu illustrieren.
2004 erhielt sie den japanischen Bilderbuchpreis Nippon Ehon Sho.
Bei MINIMAX erschienen von ihr bereits *So schön wie der Mond* und *Es schneit!*

Herausgegeben in Zusammenarbeit mit dem Moritz Verlag
von Markus Weber

www.beltz.de
Erstmals als MINIMAX bei Beltz & Gelberg im Februar 2015

© 2015 Beltz & Gelberg
in der Verlagsgruppe Beltz • Weinheim Basel
Alle Rechte für diese Ausgabe vorbehalten
Erstmals erschienen 2005 im Moritz Verlag, Frankfurt/M.
Die japanische Originalausgabe erschien 2000
unter dem Titel *Boku okaasan no koto ...*
bei Bunkeido Co., Tokio
© 2005 Komako Sakai, Tokio
Gesamtherstellung: Beltz Bad Langensalza GmbH, Bad Langensalza
Printed in Germany
ISBN 978-3-407-76153-8
1 2 3 4 5   18 17 16 15

Komako Sakai

Mama, ich mag dich ...

Aus dem Japanischen
von Ursula Gräfe

Mama, ich mag dich ...

NICHT.

Weil du immer so lange schläfst.
Am Sonntag schläfst du und schläfst und
schläfst, den ganzen Morgen.

Und weil du immer deine
blöden Serien gucken musst,

darf ich keine Zeichentrickfilme sehen.

Mich hetzt du
und hetzt

und ziehst
und zerrst,

AUSSERDEM

holst du mich immer zu spät vom
Kindergarten ab. Und weil du
vergessen hast zu waschen,
muss ich heute wieder dieselben
Strumpfhosen anziehen wie gestern.
Außerdem —

außerdem ...

außerdem ...

... hast du gesagt,
ich kann dich nicht
HEIRATEN

Deswegen mag ich dich NICHT.
So eine Mama will ich nicht.
Ich geh jetzt weg, ganz allein und
ganz weit weg.

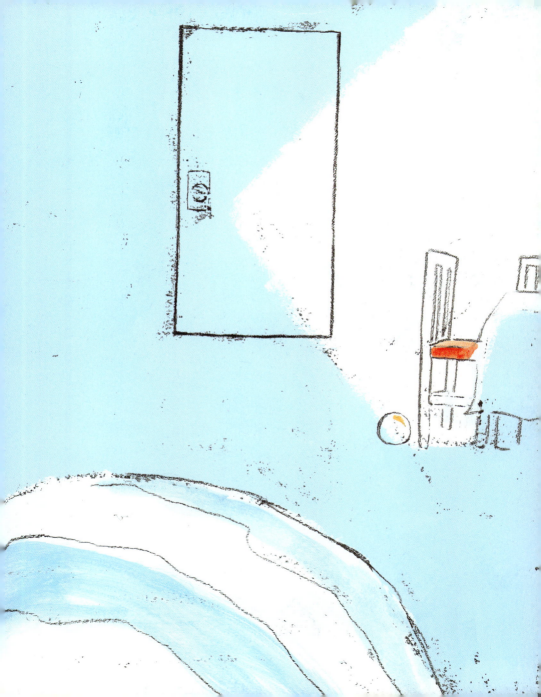

»Was ist? Hast du was vergessen?«
»Mhm. Ich brauch meinen Ball.
Duuu, Mama?«
»Was denn?«

»Freust du dich, dass ich wieder da bin?«

»Und wie!
Du bist doch mein
allerallergrößter
Schatz!«

In der Reihe

liegen vor:

Martin Baltscheit
Die Geschichte vom Löwen ...

Martin Baltscheit · Christine Schwarz
Ich bin für mich

Kate Banks · Georg Hallensleben
Augen zu, kleiner Tiger!

Helga Bansch · Mirjam Pressler
Guten Morgen, gute Nacht

Jutta Bauer
Die Königin der Farben
Schreimutter

Jutta Bauer · Kirsten Boie
Kein Tag für Juli
Juli, der Finder
Juli und das Monster
Juli und die Liebe
Juli tut Gutes
Juli wird Erster

Ron Brooks · Margaret Wild
Das Licht in den Blättern

Anthony Browne
Stimmen im Park

Janell Cannon
Stellaluna
Verdi

Chen Jianghong
Han Gan und das Wunderpferd
Der Tigerprinz

Chih-Yuan Chen
Gui-Gui, das kleine Entodil

Mireille d'Allancé
Auf meinen Papa ist Verlass
Robbi regt sich auf

Michel Gay
Eine Dose Kussbonbons

Helme Heine
Freunde (dt., engl., franz., türk.)
Na warte, sagte Schwarte
Der Rennwagen
Das schönste Ei der Welt

Tante Nudel, Onkel Ruhe und Herr
Schlau

Satomi Ichikawa
Was macht ein Bär in Afrika?

Ernst Jandl · Norman Junge
fünfter sein

Janosch
Oh, wie schön ist Panama (dt., engl.)
Post für den Tiger (dt., engl.)
Komm, wir finden einen Schatz
Ich mach dich gesund,
  sagte der Bär (dt., engl.)
Guten Tag, kleines Schweinchen
Der kleine Tiger braucht ein Fahrrad
Riesenparty für den Tiger

Pija Lindenbaum
Franziska und die Wölfe
Franziska und die Elchbrüder
Franziska und die dussligen Schafe

Leo Lionni
Alexander und die Aufziehmaus
Der Buchstabenbaum
Cornelius
Das gehört mir!
Ein außergewöhnliches Ei
Fisch ist Fisch
Frederick
Matthias und sein Traum
Sechs Krähen
Swimmy
Tillie und die Mauer

Irmgard Lucht
Das Raupenabenteuer
Roter Mohn

Nadja
Blauer Hund

Ulf Nilsson · Anna-Clara Tidholm
Adieu, Herr Muffin

Christine Nöstlinger · Thomas Müller
Leon Pirat
Leon Pirat und der Goldschatz

Lorenz Pauli · Kathrin Schärer
ich mit dir, du mit mir
mutig, mutig

Sergej Prokofjew · Frans Haacken
Peter und der Wolf

Mario Ramos
Ich bin der Schönste im ganzen Land!
Ich bin der Stärkste im ganzen Land!
Nuno, der kleine König

Komako Sakai
Es schneit!
Mama, ich mag dich ...
So schön wie der Mond

Axel Scheffler
Die drei kleinen Schweinchen ...
Der gestiefelte Kater

Axel Scheffler · Jon Blake
He Duda

Axel Scheffler · Julia Donaldson
Für Hund und Katz ist auch noch Platz
Mein Haus ist zu eng und zu klein
Riese Rick macht sich schick

Axel Scheffler · Phyllis Root
Sam und das Meer

Monika Spang · Sonja Bougaeva
Das große Gähnen

Constanze Spengler
Zum Elefanten immer geradeaus

Max Velthuijs
„Was ist das?", fragt der Frosch
Frosch im Glück
Frosch ist verliebt

Philip Waechter
Rosi in der Geisterbahn

Philip Waechter · Kirsten Boie
Was war zuerst da?

Philip Waechter · Dorothee Haentjes
Schaf ahoi

Anne Wilsdorf
Jojoba